AMOUR POUR AMOUR,

COMEDIE

De Monfieur DE LA CHAUSSÉE, de l'Académie Françoife.

EN TROIS ACTES EN VERS,

Avec un Prologue.

Repréfentée fur le Théatre de la Comédie Françoife au mois de Janvier 1742.

Le prix eft de 30 fols.

Si qu'un bouquet donné d'amour profonde,
C'étoit donné toute la terre ronde. *Marot.*

A PARIS,

Chez PRAULT Fils, Quai de Conti, à la defcente du Pont-Neuf, à la Charité.

M. DCC. LIII.

Avec Approbation & Privilége du Roi.

A ZEMIRE.

Toi qui m'as prêté tes talens enchan-
     teurs,
Assemblage parfait des dons les plus
     flatteurs,
Eléve & modéle des Graces :
Aimable & cher objet, que Thalie & ses sœurs
Ne peuvent couronner que de ces mêmes fleurs·
     Que tu fais naître sur tes traces.
Si je n'ai point encore essuyé de revers ;
Je n'en dois, qu'à toi seule, un éternel hommage;
Tes charmes & ta voix font l'ame de mes vers.
     Mais, que dis-je, ils sont ton ouvrage,
     Qui les inspira, les a faits;
Qu'ils te soient consacrés par la reconnoissance.
Tes yeux n'ont rien laissé de plus en ma puissance,
Et je ne puis t'offrir que tes propres bienfaits.

Noms des Acteurs de la Comédie.

UNE FÉE, sous le nom d'Assan.
> Mlle. Dumesnil.

AZOR, Génie. . . . . . . M. Grandval.

ZALEG, second Génie.   M. Armand.

ZEMIRE. . . . . Mlle. Gaussin.

NADINE. . . . . Mlle. Dangeville.

AMOUR

AMOUR

POUR AMOUR,

COMEDIE

En trois Actes, en Vers.

Ã

❦❧❦❧❦❧❦❧❦❧❦❧❦❧❦❧❦❧❦❧❦❧❦❧❦❧❦

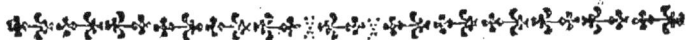

ACTEURS DU PROLOGUE.

L'AUTEUR.

UN AMI de l'Auteur.

UN JEUNE SOT.

DAMIS.

La Scene est sur le Théâtre.

PROLOGUE.

SCENE PREMIERE.

L'AUTEUR, L'AMI DE L'AUTEUR.

L'AMI.

MA foi, pour un Auteur, c'est avoir du courage
Que de venir ainsi faire tête à l'orage.

L'AUTEUR.

On n'a que des soupçons, qui seront dissipés
Si-tôt qu'on me verra si fort en évidence.
Comptez que les plus fins y seront attrapés.
D'ailleurs, je veux savoir au vrai ce que l'on pense
M'entendre, sans détour, juger de vive voix ;
Peser le bien, le mal, la louange, le blâme ;
Récapituler tout dans le fond de mon ame,
Et recueillir de quoi mieux faire une autre fois.

L'AMI.

Ma foi, l'intention est très-bonne, sans doute :
Mais l'exécution ?....

L'AUTEUR.

Je sçais ce qu'elle coûte.

L'AMI.

Vous êtes inquiet ?

A ij

PROLOGUE.

L' A U T E U R.

Où peut-il s'être mis ?

L' A M I.

Qui cherchez-vous de l'œil ?

L' A U T E U R.

Je ne vois point Damis.

L' A M I.

Il ne manque jamais une Piéce nouvelle.

L' A U T E U R.

Oh ! je ne doute pas qu'il ne vienne aujourd'hui.
Il sçait bien que ce jour est un grand jour pour
    lui ;
Et que plus d'un Bureau d'esprit mâle & femelle,
De ses décisions Echo toujours fidelle ,
Attend ce qu'il dira pour se déterminer ,
Pour juger comme lui , sans rien examiner.

L' A M I.

Sa Sentence, je crois, n'est pas toujours mortelle.

L' A U T E U R.

Mais il est clef de meute ; on le suit au hazard ;
Et malheur aux Auteurs ; du moins à la plupart
    Il est , & fut toujours en butte :
C'est un homme excellent pour hâter une chute.

L' A M I.

Le beau talent !

L' A U T E U R.

Aussi l'a-t'il , jusqu'à ce jour ,
Exercé, sans quartier , sur les Piéces qu'on donne.

L' A M I.

Il est bien attrapé , quand une Piéce est bonne.

L' A U T E U R.

Un Auteur qui fait bien , lui joue un mauvais tour.

L' A M I.

Pourquoi donc ?

L' A U T E U R.

Ah pourquoi ? Quand une Comédie
Est , par malheur pour lui , justement applaudie ,
Que diable voulez-vous qu'il en dise ?

L' A M I.

Du bien.

L' A U T E U R.

Eh, ne voyez-vous pas qu'il iroit trop du fien ?
Il croiroit déroger, en donnant fon fuffrage.

L' A M I.

Déroger ! Et comment ?

L' A U T E U R.

En loüant un Ouvrage.

L' A M I.

Mais il faut être fou pour fe l'imaginer.

L' A U T E U R.

En matiere d'efprit, on ne veut point de Maître.
Sur les gens du métier on aime à dominer.
On s'érige en Juge, on veut l'être.
On fe met au deffous de ceux qu'on applaudit :
Au lieu, qu'en fe rendant difficile & cauftique,
On fe met au deffous de ceux que l'on critique.
Outre que l'amour propre y fait mieux fon profit,
Le rôle de Cenfeur a bien plus de reffource.
La louange eft fi feche, elle produit fi peu !
Mais la Critique abonde; elle coule de fource,
Anime le génie, & lui donne du jeu :
Le rend vif. pétillant, ironique, fertile ;
Lui fournit des bons mots qui, trotant par la Ville,
Font citer leur Auteur, & penfer comme lui.
On ne brille jamais mieux qu'aux dépens d'autrui,

L' A M I.

Cela pourroit bien être.

L' A U T E U R.

Ah ! Vous pouvez m'en croire ?

L' A M I.

Ma foi, ferviteur à la gloire ?
Sans être cependant aveugle admirateur,
Pour moi, j'embrafferois l'honnête-homme d'Auteur
Qui me régaleroit d'un excellent Ouvrage,
Je lui donne du moins hautement mon fuffrage ;
J'applaudis franchement fans en être fâché,

A iij

Sans regretter l'encens que je donne en échange :
Parbleu , c'eſt du plaiſir que je paye en louange ;
Et je penſe que c'eſt l'avoir à bon marché.

L' A U T E U R.

Je ſuis de votre avis... Mais qui vois-je paroître ?
De grace , dites-moi quel eſt ce nouvel Eſtre.

L' A M I.

Et qui donc ?

L' A U T E U R.

Cet Adoleſcent
Que l'on voit depuis peu , comme un Aſtre naiſſant,
Commencer ſa carrière , & *parfumer* le monde
De l'ambre qu'il exhale une lieue à la ronde.
Eh ! le voici lui-même avec tout ſon éclat ,
Qui ſort de la couliſſe , armé de ſa lorgnette.

L' A M I.

La définition en ſera bientôt faite.
Ce n'eſt qu'un jeune Sot qui voudroit être un fat.
Ah ! le voici qui nous regarde.
Il va nous aborder ſi nous n'y prenons garde.
Tâchons de l'éviter.

SCENE II.

LE JEUNE SOT, L'AUTEUR, L'AMI.

LE JEUNE SOT.

OU diable courez-vous ?

L' A M I.

Nous allons nous placer.

LE SOT.

Parbleu , vous êtes fous ,

L'AMI.

Pourquoi ?

LE SOT.

Dans un moment vous ferez à votre aife.
Prétendez-vous refter ?

L'AMI.

Si vous le trouvez bon.

LE SOT.

Reftez ; amufez-vous beaucoup.

L'AMI.

Et pourquoi non ?

LE SOT.

Vous ne fçavez donc pas ?....

L'AUTEUR.

Que la Piéce eft mauvaife ;

LE SOT.

Fiez-vous à l'Affiche ! On va faire un beau bruit.

L'AMI,

Qu'eft-il donc arrivé ? Peut-on en être inftruit ?

LE SOT.

Point de Piéce nouvelle : oui , vous dis-je, elle eft
nulle ;
On ne la donne point. Rien n'eft plus ridicule.

L'AMI.

Mais le fçavez-vous bien ?

LE SOT.

Attendez un moment.
Suivant toutes les apparences,
L'Orateur de la troupe , après trois révérences ,
Vous va faire un fot compliment ;
Et puis , du Bajazet , tant qu'il pourra s'étendre ,
Que vous ferez priés très-humblement d'entendre.
A votre avis , le tour vous paroît-il galant ?
Du Bajazet ! ma foi rien n'eft plus régalant !
Qu'en dites-vous ? Parlez, je veux voir la déroute.

L'AMI.

Ce que vous m'apprenez , m'étonne.

A iv

L' A U T E U R.

Et moi, j'en doute?

LE SOT.

J'ai vû dans les foyers les Acteurs en Turban,
Les Actrices en Doliman.
Repliquez. Vous riez ?

L' A M I.

Je n'ai point de replique.

LE SOT.

Peut-être les Acteurs, en ce moment critique,
Un peu mieux avisés, ont craint un mauvais sort.
Mais n'importe ; la Troupe a tort,
Une Piéce nouvelle est toujours assez bonne.
Les vieilles à présent n'amusent plus personne.

L' A M I.

Et celle qu'on devoit aujourd'hui nous donner,
Vous est-elle connue ?

LE SOT.

On m'en a fait l'histoire.

L' A M I.

Eh bien ?

LE SOT.

Je n'en ai pas surchargé ma mémoire.

L' A U T E U R.

Ce que nous dit Monsieur, a dequoi m'étonner ;
Car l'Auteur ne lit guere, autant qu'on m'a pu dire.

LE SOT.

J'avois pourtant promis de me la laisser lire.
La Lecture devoit s'en faire un certain jour,
[Lecture d'amitié s'entend] j'en devois être.
Justement j'eus à faire un voyage à la Cour.
On remit la partie.

L' A U T E U R. A part.

Ah, le Sot petit-Maître !

L' A M I.

Mais à votre retour on sçut mieux ménager...

LE SOT.

Les femmes, à leur tour, ne purent s'arranger.

Tenez, la Piéce eſt malheureuſe.
Cette fatalité, qui la pourſuit ici,
A fait qu'aucun projet ne nous a réuſſi.
L'Auteur, je crois, m'en garde une rancune affreuſe.

L' A M I.

Comment ?

L E S O T.

C'eſt qu'il comptoit un peu ſur mes avis.

L' A M I.

Ah ! je n'y penſois pas.

L' A U T E U R.

Il les auroit ſuivis.

L E S O T.

Peut-être : mais du moins, il me l'a fait accroire.

L' A M I.

Vous vous intéreſſez fortement à ſa gloire ?

L E S O T.

Oh ! beaucoup. Il peut s'en flatter.

L' A M I.

Vous le connoiſſez ?

L E S O T.

Fort.

L' A U T E U R. *A part.*

Oh ! je vais éclater.

L' A M I.

Il eſt de vos amis ?

L E S O T.

On ne peut davantage

L' A U T E U R.

Cet aveu m'eſt bien cher ; je vous ſuis obligé.

L E S O T.

Dequoi ?

L' A M I.

C'eſt que Monſieur eſt votre protégé.

L' A U T E U R.

Ah ! J'ignorois que j'euſſe un ſi grand avantage.
Du jour qu'il vous plaira, nous n'aurons qu'à datter.
Soyez toujours pour moi, Monſieur, ce que vous êtes.

L'AMI.

A part.

Oui, C'est-à-dire un Sot.

LE SOT *faluant.*

Monfieur....

L'AUTEUR.

Ce font des dettes,

Que ma reconnoiffance aura foin d'acquitter.

LE SOT.

Je connois tant d'Auteurs, que j'ai crû vous connoître.

D'ailleurs, je fuis ravi....

L'AUTEUR.

Non; c'eft moi qui dois l'être,

LE SOT.

Meffieurs, je vous falue.

L'AMI.

Adieu donc.

LE SOT *de loin.*

Serviteur.

SCENE III.

L'AUTEUR, L'AMI.

L'AMI.

N'Etes-vous pas charmé de cette connoiffance ?
Vous venez d'acquérir un nouveau protecteur.

L'AUTEUR.

N'ai-je point trop bleffé fa fotte fuffifance ?

L'AMI.

Il peut être fâché; mais non pas affligé.
Comptez qu'il eft puni, fans être corrigé.
Mais Damis vient. Il a quelque chofe à nous dire;
Tenez-vous-bien.

L'AUTEUR.

Pourquoi ?

L'AMI.

Votre procès est fait
Ne le voyez-vous pas à son air satisfait !

SCENE IV.

DAMIS *riant*. L'AUTEUR, L'AMI.

L'AMI.

PEut-on rire avec vous de ce qui vous fait rire ?

DAMIS.

Je ris de la détresse & de l'épuisement
De ceux qui sont chargés de notre amusement :
Où nos faiseurs de Comédies
Vont-ils présentement chercher leurs rapsodies ?
Il est bien singulier que les Auteurs du temps
Ne puissent rien tirer de la source publique !
Et que, pour leur fournir une Piéce Comique,
Il faille un autre monde, & d'autres habitans !
Ah ! Bien-tôt ils iront se pourvoir dans la Lune ;
Oui, les Auteurs iront....

L'AMI.

C'est la même rancune
Que vous gardez toujours contre ces pauvres gens !

DAMIS.

Point du tout ; je suis juste, & des plus indulgens ;
Et j'éclate, à regret, contre leur ignorance.
Ne fournissons-nous plus à rire à nos dépens ?
Est-ce que le bon sens a fait fortune en France ?
Et les Originaux y sont-ils moins fréquens ?
A la Ville à la Cour, l'espéce manque-t'elle ?
Il me semble pourtant que la moisson est belle ;

Et que, fans en taxer directement aucun,
Il en eft parmi nous, plus de cent, au lieu d'un ;
    Dont les Miniftres de Thalie
Peuvent avec fuccès célébrer la folie.

           L' A M I.

Que n'êtes-vous Auteur ?

           D A M I S.

          Vous vous mocquez de moi.

           L' A M I.

J'en ferois bien fâché. Mais à propos de quoi ,
Où va cette tirade ? elle eft pourtant fort belle.

           D A M I S.

Parbleu , c'eft à-propos de la Piéce nouvelle.

           L' A M I.

    On vous l'a lue apparemment ?

           D A M I S.

Non : mais dans les Foyers une petite amie
M'en a fait à l'inftant toute l'anatomie.

           L' A M I.

C'eft une Actrice, ah bon ! Suivant fon fentiment
Cela ne vaut donc rien ?

           D A M I S.

        C'eft affez fon idée :
Mais ce n'eft pas par où l'affaire eft décidée :
Car on peut appeller de ces jugemens-là ;
    D'autant plus, que pour l'ordinaire ,
Une Actrice ne voit que le rôle qu'elle a.
    S'il n'a pas l'honneur de lui plaire ,
Sur le refte , auffi-tôt , elle étend fon arrêt.

           L' A M I.

Et vous , fur fon rapport , qu'eft-ce qui vous déplaît ?
D'abord le titre eft bon.

           D A M I S.

        Oui, s'il tient fa promeffe.
C'eft ce qu'on ne voit point pour la plûpart du
    tems ;
Et je ne crois non plus au titre d'une Pièce
    Qu'aux Affiches des Charlatans.

PROLOGUE.

L'AMI.

Celle-ci, selon vous, ne peut qu'être mauvaise?

DAMIS.

Très-mauvaise.

L'AMI.

Voyons.

DAMIS.

C'est que, par parenthèse,
La fable en est absurde.

L'AUTEUR à part.

Ah! Ceci me confond.

DAMIS.

Oui, bizarre, apocriphe, étrange, imaginaire.

L'AUTEUR.

Elle peut n'être pas dans la forme ordinaire.

DAMIS.

Soyez sûr que la forme emportera le fond.
Voici d'abord sur quoi ma critique s'exerce.
Le lieu de la Scéne est en Perse.
Les personnages sont des François déguisés;
Ou, si vous l'aimez mieux, des Persans francisés;
Dont l'habit & le nom, suivant toute apparence,
Feront entre eux & nous la seule différence:
Car l'Auteur aura fait comme les autres font.
Sans doute il n'a pas pris la peine
De nous représenter des Persans tels qu'ils sont.

L'AUTEUR.

Ose-t'on aujourd'hui dépaïser la Scéne?
L'Auteur en connoît le danger.
Imputez-en la faute. . . . .

DAMIS.

A qui donc?

L'AUTEUR.

A vous autres;
Qui ne supportez rien qui vous soit étranger,
Et qui n'admettez plus d'autres mœurs que les vôtres.
Eh! Comment varier vos plaisirs en ces lieux?
Renfermés dans la sphére où le sort vous fit naître,

Vous bornez la nature à vôtre façon d'être.
Tout ce qui n'est point vous, est abfurde à vos yeux.
Vous ne reconnoiffez aucune autre maniére
De parler, de penfer, & même d'exifter ;
Que celle qui vous eft propre & particuliére.
Que faire ? L'on a beau réclamer, infifter ;
Vous ne voulez plus voir, que vous, fur vos Théa-
    tres ;
Ou de vos préjugés foyez moins idolâtres,
Ou fouffrez, puifqu'on cherche à combler vos defirs,
Que l'uniformité régne dans vos plaifirs.

DAMIS.

Vous êtes du métier, Monfieur, à vous entendre ?

L'AUTEUR.

    Et vraiment oui, pour mes péchez.

DAMIS.

Je ne fçais pas pourquoi vous vous le reprochez :
Mais aurez-vous auffi la bonté de deffendre
Une autre abfurdité ?

L'AUTEUR.

    Voyons-la, j'y confens.

DAMIS.

    L'Auteur a crû faire un chef-d'œuvre,
En mettant la Féerie en œuvre.

L'AUTEUR.

C'eft une nouveauté.

DAMIS.

    Qui n'a pas le bon fens.
Comment ! Du merveilleux & de l'imaginaire
Dans un tableau des mœurs, où tout doit être vrai.
Dans un portrait naïf de la vie ordinaire,
Dans une Comédie ; enfin ?

L'AUTEUR.

    C'eft un effai,

DAMIS.

Qui tombera d'abord ; comptez fur ma parole.

L'AMI.

Il peut plaire.

DAMIS.
Jamais. Le genre eft trop frivole ;
L'AMI.
Mais on s'y prête ailleurs.
DAMIS.
Oui, dans un conte bleu ;
Ou fur le Théatre Lyrique ;
On veut bien fouffrir là, que tout foit chimérique :
Mais à la Comédie, il n'en eft pas ainfi.
L'AUTEUR.
N'eft-ce pas le plaifir què vous cherchez ici ?
DAMIS.
Oui : mais on veut qu'il foit d'une certaine efpéce.
Si-tôt qu'il extravague, il nous choque, il nous
bleffe.
Il a fon caractére, il a fon genre à part,
Prefcrits dans tous les tems par les régles de l'Art.
L'AUTEUR.
Comment, vous prétendez lui donner des entraves,
Mais le connoiffez-vous, le plaifir ?
DAMIS.
Je crois qu'oui.
L'AUTEUR.
Vous y gagnerez plus en dépendant de lui.
Loin d'être fes tyrans, devenez fes efclaves.
Ennemi d'un joug rigoureux,
Si tôt qu'il n'eft plus libre, il devient l'ennui même,
Renoncez au plaifir, ou changez de fyftême.
Quand il cherche à vous rendre heureux,
Ceffez de lui prefcrire une trifte formule.
Les moyens qu'il faifit font toujours les meilleurs :
Quelque forme qu'il prenne, ici tout comme ail-
leurs,
Croyez que le plaifir n'eft jamais ridicule.
Son nom le définit. Dès qu'il eft, c'eft affez.
Les régles n'y font rien. Il eft au deffus d'elles.
Quant à nous, ne foyons jamais embarraffez
Que de le préfenter fous des formes nouvelles,

C'eſt à nous autres d'en trouver ;
C'eſt à vous de les approuver.

L' A M I.

Eh mais ! il a raiſon : que diable ! au bout du
 compte ,
Nous ne devons ici proſcrire que l'ennui.

D A M I S.

S'il eſt vrai , craignez donc la Piéce d'aujourd'hui.

L' A M I.

Elle peut réuſſir.

D A M I S.

L'épreuve en ſeroit prompte.

L' A M I.

Je me préviens pour elle.

D A M I S.

Ah ! je m'en réjouis.
Pour moi , je ſuis prévenu contre.

L' A M I.

Eſtes-vous toûjours juſte en pareille rencontre ?

D A M I S.

Seriez-vous curieux de perdre cent Louis ?

L' A M I.

Gagez contre Monſieur.

D A M I S.

Il en eſt bien le maître.

L' A U T E U R *à part.*

ne riſque déja que trop.

L' A M I.

Cela peut être.

L' A U T E U R *à Damis.*

Et combien mettrez-vous ?

D A M I S.

Autant.

L' A U T E U R.

Ah ! c'eſt trop peu.
Quand il s'agit du ſort d'une Piéce nouvelle ,
On a tant d'avantage à parier contre elle ,
Qu'on ne peut mettre moins de dix contre un au jeu.

Pour

Pour qu'elle réuſſiſſe il faut preſque un miracle.
Mais la Toile ſe léve.

DAMIS.

Adieu, Meſſieurs, adieu.
Je m'en vais me placer.

L'AMI.

Vous vous troublez ?

L'AUTÉUR.

Morbleu ;
Son préjugé pourroit devenir un oracle.

Fin du Prologue.

AMOUR
POUR AMOUR,

COMEDIE

En trois Actes, en Vers.

ACTEURS.

UNE FÉ'E, fous le nom d'ASSAN, Prince Perfan.

AZOR, Génie, Amant de Zemire.

ZALEG, Génie, Amant de Nadine.

ZEMIRE.

NADINE.

Troupe d'Habitans & d'Habitantes.

La Scène eft dans un Hameau voifin de Bagdat.

AMOUR
POUR AMOUR.
COMÉDIE.

ACTE PREMIER.

SCENE PREMIERE.

AZOR, ZALEG.

AZOR.

TU fors d'avec Nadine ; & cet Objet charmant
T'aura communiqué fon aimable enjoûment.
Car on prend volontiers l'humeur de ce qu'on aime ;
N'eft-il pas vrai, Zaleg ;

ZADEG.

Je ris d'un ftratagême ;

Dont je vais essayer le succès en ce jour.
Mais à quoi me sert-il d'être heureux en amour ?

A Z O R.

Comment donc ?

Z A L E G.

Si la Fée eût eu la moindre envie
De nous laisser revoir un jour notre Patrie,
Dès long-tems sa promesse auroit eu son effet.

A Z O R.

Tu murmures ?

Z A L E G.

J'ai tort !

A Z O R.

Sans doute.

Z A L E G.

Tout-à-fait !
Pour des êtres tels que nous sommes,
Il est fort amusant de vivre avec des Hommes ;
Pour peu qu'on les connoisse, on en est bien-tôt las.
Notre exil eut d'abord pour moi quelques appas ;
Et je regrettai moins le séjour des Génies.
A tout prendre, il est vrai, que chez le genre hu-
main,
On peut rencontrer sous la main
Des Mortelles assez jolies ;
Et que parmi l'espéce, il se trouve des cœurs,
Dont il nous seroit doux de nous rendre vainqueurs,
Mais tout ce que l'on en peut dire,
Est que la Terre a ses plaisirs.
Hé comment pourroient-ils remplir tous nos désirs.
Puisqu'à ceux des Mortels ils ne peuvent suffire ?

A Z O R.

Tu n'as donc plus d'espoir.

Z A L E G.

Ma foi, je n'en ai plus,

A Z O R.

Ja   nous verrons finir notre métamorphose.
Tu sçais la loi qu'on nous impose

Pour rentrer dans les droits dont nous sommes déchus.

ZALEG.

Oui, sous cette figure assez hétéroclite,
     Je sçais qu'il faut nous faire aimer
D'un objet qui soit jeune, & digne de charmer :
C'est la condition que l'on nous a prescrite :
Nous avons satisfait à tout exactement.

AZOR.

Il faut croire que non.

ZALEG.

                    Comment ?
N'avons-nous pas rempli cette clause importune ?

AZOR.

J'en doute.

ZALEG.

          Ah ! c'est à quoi je ne m'attendois pas.
Quelque part où le sort ait promené nos pas,
Quoi ! N'avons-nous pas fait vingt conquêtes pour
     une ?
Cependant nous voilà, tout comme au premier
     jour,
Habitans enchaînés dans ce maudit séjour :
Et la clause a pourtant été bien accomplie.

AZOR.

               Pour obtenir notre retour,
Il falloit inspirer un véritable amour :
Cette condition n'a pas été remplie.

ZALEG.

En voici bien d'une autre ! Hé, qu'avons-nous donc
     fait ?

AZOR.

Nous n'avons inspiré qu'un goût foible & volage,
Et l'on n'a pris, pour nous, qu'un amour de passage.

ZALEG.

Ma foi, je n'en crois rien : je suis sûr de mon fait.
J'ai plû, je me suis fait aimer.

AZOR.

               En apparence.

ZALEG.

Et mais, on me l'a dit cent fois.

AZOR.

Vaine affurance.

ZALEG.

Vous me pouffez à bout.... Parbleu j'en fuis charmé ;
Vous verrez qu'on peut être heureux fans être aimé.

AZOR.

Le véritable Amour n'eft plus guére en ufage.

ZALEG.

Vous rafinez fur tout... Pour moi, je fuis plus fage.
Nous ferions felon vous, pour jamais en éxil,
Puifqu'on ne peut trouver de cet amour fincére !
Mais où fe tient-il donc ? C'eft donc une chimére !
Et vous, Seigneur Azor, dites-moi, fe peut-il
Qu'on n'ait point eu pour vous un amour véritable ?

AZOR.

Ah ! rien n'eft plus indubitable.
Mais laiffons le paffé, fongeons préféntement.....

ZALEG.

Croyez que le préfent n'ira pas autrement.

AZOR.

Et pourquoi donc ? Nadine, & l'aimable Zémire,
Sont capables d'aimer bien véritablement.

ZALEG.

On fe flatte toujours de ce que l'on défire.
Auffi, que n'avez-vous aimé
Cette Fée, à préfent infléxible & cruelle,
Dont le cœur fut pour vous vainement enflammé ?
C'eft notre Souveraine. Elle étoit affez belle.
Elle ne nous eût pas envoyés ici-bas,
Pour chercher un amour qui ne s'y trouve pas.
Car, fur quoi fondez-vous un efpoir qui m'étonne ?
Si la Fée eût voulu nous laiffer nos attraits,
Paffe encor : mais Seigneur, Nous paroiffons tout
prêts
D'entrer dans la faifon qui précéde l'Automne.

AZOR.

AZOR.

Depuis que, fous ces traits, nous fommes déguifés,
Ont-ils changé ?

ZALEG.

Non : mais nos tréfors épuifés. . . .

AZOR.

En avons-nous befoin auprès de nos maîtreffes?
Ce ne font, à leurs yeux, que de fauffes richeffes.

ZALEG.

L'amour le plus honnête en confomme toûjours.
Il vous eft défendu de dire qui vous êtes.
Et vous ne pouvez faire entrer dans vos fleurettes
Tous ces mots confacrés aux plus tendres amours :
Ceux *d'aimer*, *d'adorer*, *de flâme*, *de tendreffe*,
Ne vous font pas permis. La défenfe eft expreffe.
Vous en êtes réduit aux foins officieux,
Aux affiduités, au langage des yeux,
Aux marques d'amitié.

AZOR.

Que faire ?

ZALEG.

Quand on donne, on n'a pas befoin de commentaire.
Et pour vous achever, vous avez un Rival,
Qui ne s'en tiendra pas à l'amour paftoral.
Ses grands airs, fes grands mots, fon rang, fon opu-
lence ;
Doivent emporter la balance.
Qu'avez-vous à pouvoir mettre en comparaifon ?
De l'efprit, du fçavoir, du fens, de la raifon,
Et le refte ; Seigneur, tout cela mis en fomme
Fait tout jufte en amour zero, je le fçais bien.

AZOR.

Mais Affan n'eft qu'un fat.

ZALEG.

Et morbleu, n'eft-ce rien ?
Pour l'ordinaire, un fat fupplante un honnête hom-
me.
C'eft l'ordre. Attendez-vous à jouer de malheur.

C

AZOR.

Ah ! Zémire, Zémire, aurois-je la douleur
De vous voir devenir son heureuse conquête ?

ZALEG.

Il a tout ce qu'il faut pour lui tourner la tête.
Zémire aura le sort que tant d'autres ont eu.

AZOR.

Ne la compare point à tout ce que j'ai vû.
Toute comparaison seroit injurieuse.

ZALEG.

Je m'attendois à ce discours ;
Car, en fait de maîtresse, il arrive toûjours
Qu'on croit que la derniere est la plus merveilleuse.

AZOR.

Ah, quelle différence ! Et que j'ai de raisons
Pour excepter Zémire, & pour mieux juger d'elle !
A cet âge, où l'on croit qu'il suffit d'être belle,
Zémire croit avoir besoin de mes leçons.
Que dis-je ? Elle en connoît le prix.
Loin de lasser sa complaisance,
Mes conseils sont reçus avec reconnoissance.
Les progrès que j'ai faits, ne m'ont pas moins surpris
Que le fonds de son cœur & de son caractére.
Non, Zaleg, les soins assidus
Que je prends tous les jours d'une éléve si chére,
Pour Zémire & pour moi ne seront point perdus.

ZALEG.

Et ne voit-elle rien à travers ce mystére ?

AZOR.

Hélas ! je n'en sçais rien. Mais independamment
De l'ordre rigoureux qui me force à me taire,
Je n'aurois pas voulu me conduire autrement.
Je crois que le plus sûr est de chercher à plaire,
D'aimer, avant que d'être un Amant déclaré.
Un aveu bien souvent ne devient téméraire
Que faute d'être préparé.
C'est ainsi que mes soins, agréés par Zémire,
La ménent pas-à-pas vers l'amoureux empire ;

Elle s'attache à moi, sans s'en appercevoir.

Elle s'accoutume à m'entendre;
La sincere amitié qu'elle me laisse voir,
Se changera bientôt en amour le plus tendre :
Ce moment n'est pas loin ; il viendra ; je l'attends.

ZALEG.

Ce moment pourroit bien n'arriver de long-temps.
Suppofez que Zémire, à qui vous pourriez plaire,
Ait pour vous cet amour qui vous est nécessaire ;
S'il demeure secret, il vous servira peu.

Il faut qu'elle en fasse l'aveu,
De façon que la Fée en soit bien convaincue :
Autrement, marché nul, & l'affaire est rompue.

Il faut qu'avec sincérité,
Et sans aucune obscurité,
Zémire dise d'elle-même ;
J'aime Azor ; c'est Azor que j'aime.
Ce font les mots prescrits.

AZOR.

Hélas ! je le sçais bien.

ZALEG.

Tous les équivalens ne serviroient à rien.

AZOR.

Zémire les dira.

ZALEG.

La chimére est nouvelle !
Elle ne les sçait pas ; comment les dira-t-elle !

AZOR.

Comment ?

ZALEG.

Oui ; répondez à cette objection.

AZOR.

La nature & l'amour les lui pourront apprendre.

ZALEG.

Ah Seigneur ! c'est fort bien le prendre.
En admettant la supposition,
Pourra-t-elle, avec vous, en faire aucun usage,
Que vous ne vous soyez déclaré son Amant ;

C ij

Que vous n'ayez parlé, comme on parle en aimant ?
Préviendra-t-elle votre hommage ?
Quand vous en seriez adoré,
Ira-t-elle au-devant d'un amour ignoré ?
Elle doit vous laisser venir, & vous attendre,
Et vous vous attendrez tous deux.

AZOR.
Ainsi le veut la Fée.

ZALEG.
Ah ! je crois mieux l'entendre.
Je compte, en dépit d'elle, être bientôt heureux.
Sans craindre qu'elle s'en offense,
J'ai trouvé le secret d'éluder sa défense.
Nadine va sçavoir, à n'en pouvoir douter,
Que je l'aime.

AZOR.
Tu sçais ce qui peut t'en coûter.

ZALEG.
Ne craignez rien pour moi. J'ai chargé du message
Certains jeunes oiseaux dressés pour cet usage.
Nadine, avant la fin du jour,
Aura bien entendu parler de mon amour.

AZOR.
Va donc, & réussis.

ZALEG.
Je n'en suis pas en peine.

AZOR.
Adieu.

SCENE II.

AZOR seul.

Voici l'heure à peu près :
Voyons dans la route prochaine
Si Zémire n'est point sous ces ombrages frais.

SCENE III.

ZEMIRE, NADINE.

NADINE.

NE ferions-nous pas mieux d'être avec nos com-
    pagnes
A folâtrer enfemble au milieu des campagnes ?

ZEMIRE.

Ces prétendus plaifirs ne flattent plus mes fens.

NADINE.

En trouvez-vous ici de plus intéreffans ?
Et peut-on préférer ces bois à nos prairies ?
Je voudrois égayer un peu mes rêveries.
Pour moi j'irois plûtôt au bord de nos ruiffeaux :
On entend leur murmure ; on voit couler leurs eaux ;
Affife fur les fleurs qu'ils font fans ceffe éclore ;
On en cueille ; on s'en pare ; on s'embellit encore ;
    On y refpire un air délicieux,
Qui donne à nos attraits une fraîcheur nouvelle :
Leur onde claire & pure eft un miroir fidelle ;
On peut avec plaifir y promener fes yeux ;
    Le Ciel s'y peint, & l'on s'y voit foi-même.

ZEMIRE.

Ces amufemens-là ne font plus ceux que j'aime.
Tu vois comme l'on change !

NADINE.

                    Oui, fans fçavoir pourquoi,
Ne l'éprouvai-je pas moi-même ? expliquez-moi,
Pourquoi, de jour en jour, je deviens fi joyeufe.
Souvenez-vous du tems, où vous difiez très-bien
Qu'une fille ennuyée eft toujours ennuyeufe.
Je l'étois ; ou plûtôt je n'étois bonne à rien :

Mais nous avons troqué d'humeur l'un avec l'autre ;
Vous avez pris la mienne ; & moi, j'ai pris la vôtre :
Je crois, en bonne foi, vous devoir du retour.

ZEMIRE.

Peut-être.

NADINE.

Ah ! rien n'est plus visible,
Eh quoi ! Tous vos plaisirs s'envolent chaque jour.

ZEMIRE.

D'autres ont succédé.

NADINE.

Cela n'est pas possible !
Et quels sont ces plaisirs ?

ZEMIRE.

Ce sont ceux que le temps,
L'âge, avec la raison, aménent chaque année.

NADINE.

Ah, ah, vous parlez d'âge ! A peine êtes-vous née.

ZEMIRE.

Hé quoi donc ? Dans quatre ans n'aurai-je pas vingt
ans ?

NADINE.

Et mais, un jour viendra que nous en aurons trente.
D'ici-là, c'est un siécle. On n'en voit pas la fin.
Cependant, profitons de la saison courante.
Dans les plaisirs du tems coulons notre destin.
Nous ferons comme ont fait nos méres, nos parentes.
D'ailleurs, chaque saison a des fleurs différentes ;
Chaque âge doit avoir ses plaisirs ; au surplus....

ZEMIRE.

Tout me donne à rêver ;

NADINE.

Et moi tout me dissipe.

ZEMIRE.

Je me forme l'esprit ;

NADINE.

Et moi je m'émancipe.

ZEMIRE.
J'occupe mes loisirs.

NADINE.

Pour moi, je n'en ai plus.

ZEMIRE.
Tandis que je le puis, j'amasse, je rassemble
De quoi me faire un fond heureux & suffisant
Pour un temps à venir :

NADINE.

Vous perdez le présent
Qui vaut tout l'avenir ensemble.
On ne rajeunit pas.

ZEMIRE.
Hé qu'importe ?

NADINE.

Fort bien.

ZEMIRE.
Ah ! de grace, finis ce fâcheux entretien.

NADINE.
Vous ne méritez pas, d'être à l'âge où vous êtes,
Ni même les faveurs que le ciel vous a faites.
Peut-on s'en soucier si peu !
Ce que parmi les fleurs est la rose nouvelle,
Vous l'êtes parmi nous ; & d'un commun aveu,
Nous vous cédons l'honneur d'en être la plus belle;
Encor faut-il y prendre un peu de part !
Quelque riche qu'on soit des dons de la nature,
Il ne faut pas laisser que d'y joindre un peu d'art,
La beauté même a besoin de parure.
Pardonnez ma franchise, & sçachez votre état;
Déja cette langueur qui vous est étrangére,
A fait sur vos appas une trace legére :
Et l'ennui qui vous gagne altére votre éclat.

ZEMIRE.
Je suis donc bien changée ?

NADINE.

Eh mais, un peu, vous dis-je :
Si vous n'y mettez ordre . . .

C iv

ZEMIRE.

Hélas !

NADINE.

Vous foupirez ?

ZEMIRE.

Il eft vrai.

NADINE.

Qu'avez-vous ? Quel fujet vous afflige,
Zémire, eft-ce-là tout ce que vous me direz ?

ZEMIRE.

Tu m'en demandes plus que je n'en fçais encore.

NADINE.

Le myftére entre nous n'eft pas trop de faifon.

ZEMIRE.

Puis-je expliquer ce que j'ignore ?

NADINE.

Hé quoi, vous prétendez que c'eft à la raifon
Qu'il faut attribuer votre métamorphofe ?

ZEMIRE.

Je l'ai cru.

NADINE.

Mais il faut qu'elle ait une autre caufe.

ZEMIRE.

Une autre caufe ?

NADINE.

Affurément.
C'étoit votre penfée ; & moi, voici la mienne.
Lorfque la raifon vient (puifqu'il faut qu'elle vienne)
Peut-elle en même-tems, & fi différemment,
Changer, comme elle a fait, mon humeur & la vôtre;
Egayer l'une, attrifter l'autre ?
Elle doit opérer de la même façon.

ZEMIRE.

Mais effectivement j'en ai quelque foupçon.

NADINE.

Avouez-moi d'où vient votre langueur extrême.
Qu'eft-ce donc qui fe paffe au-dedans de vous-même?

ZEMIRE.

Avec étonnement je regarde ces lieux.
Hélas ! depuis un temps que suis-je devenue ?
Il semble que j'habite une terre inconnue :
Tout ce qui m'environne est étrange à mes yeux :
Je vois différemment ce qui s'offre à ma vue ;
          Mon ame est autrement émue.
Mes esprits & mes sens n'ont plus le même cours :
J'y trouve un changement qui n'est que trop visible ;
Je me cherche en moi-même, & je m'y perds toû-
          jours.
Je n'ai plus rien de libre. Il ne m'est pas possible
De déméler d'où vient le trouble de mon cœur.
C'est en vain que je veux sortir de ma langueur :
Je m'y sens retenir par d'invincibles charmes.
Je m'exhale sans cesse en soupirs, en regrets :
Et sans sçavoir quels sont mes sentimens secrets,
Souvent je m'attendris jusqu'à verser des larmes.
Cependant . quel que soit l'état où tu me vois,
Il ne me déplaît pas autant que tu le crois.

NADINE.

     Le meilleur seroit, ce me semble,
De chercher à sortir d'un état importun.
     C'est comme un sort : il y ressemble.
A l'égard du reméde, il doit s'en trouver un.
Que ne consultez-vous ?...

ZEMIRE.
          Qui donc ?
NADINE.
                    Azor.
ZEMIRE.
                         Je n'ose.

NADINE.
Vous n'osez ?
ZEMIRE.
     Non ; vraiment.
NADINE.
          Et quelle en est la cause ?

ZEMIRE.

Hélas ! c'eſt ce que juſqu'ici
Je n'ai pas encor éclairci. *Elle ſe regarde.*
Mais à propos de lui, vraiment, je me rappelle
Qu'il faut que je retourne au Hameau promptement.
Attends-moi. Je reviens ici dans un moment.

NADINE.

J'attendrai.

ZEMIRE.

Sois toûjours ma compagne fidelle.
Je t'ai confié ma douleur ;
Tu vois que j'ai bien du malheur :
C'eſt un titre de plus pour m'aimer davantage.

NADINE.

Allez, je ſçais à quoi notre union m'engage :
Comptez de plus en plus ſur ma tendre amitié.

ZEMIRE.

Ne t'en vas pas.

NADINE.

Hé non.

SCENE IV.

NADINE *ſeule.*

ELle me fait pitié.
Azor la perd. Depuis cette époque fatale,
Zémire chaque jour fond, change, & dépérit.
Et voilà ce qu'on gagne à raiſonner morale ;
Et, qui pis eſt encore, à s'en remplir l'eſprit !
J'ai toûjours bien penſé qu'elle nous eſt mortelle.
La fureur de ſçavoir quelque choſe de plus,
Et de primer ſur nous d'une façon nouvelle,
De pouvoir abonder en diſcours ſuperflus,

De parler, ou plûtôt d'ennuyer comme un Livre,
Entre Azor & Zémire a fait la liaifon.
Si, par un coup du Ciel, elle ne s'en délivre,
La pauvre malheureufe y perdra la raifon.

SCENE V.

AZOR, NADINE.

NADINE.

Vous cherchez Zémire ?

AZOR.

Oui, Nadine;
Je la cherche.

NADINE.

Elle fort à l'inftant de ces lieux.
Peut-être qu'elle a craint de paroître à vos yeux.

AZOR.

Pourquoi donc ?

NADINE.

Je me l'imagine.

AZOR.

Elle me voit toûjours avec tant de bonté !

NADINE.

Ne fait-on jamais rien contre fa volonté ?
Excufez ma franchife.

AZOR.

Elle eft un peu cruelle.

NADINE.

Vous veniez reprendre avec-elle
Ces fublimes difcours, ces propos merveilleux,
Ces entretiens abftraits, que d'abord on admire,
Et qu'on ne tarde guére à trouver ennuyeux ?

AZOR.

Nos entretiens font tels qu'il convient à Zémire.

NADINE.

Je ne fçais pas comment elle a pu s'en coeffer.
Ce n'eft point notre fait que de philofopher.
Quoi qu'on dife en faveur du fexe dont nous fommes,
Les éloges font faux, ou du moins trop flatteurs.
Le Ciel ne nous fit point pour être des Docteurs :
C'eft un métier qu'il faut abandonner aux hommes,
Par forme, comme on dit, de dédommagement.
Chacun a fon talent. L'art de plaire eft le nôtre ;
Celui de raifonner, bien ou mal, eft le vôtre.
Ainfi tout s'eft trouvé réparti fagement.
Zémire vient d'en faire une épreuve affez belle.
Avant que vous euffiez fur elle
Acquis un peu trop de pouvoir,
Elle avoit tout l'efprit que nous devons avoir ;
Elle cherchoit à plaire ; elle paroit fes charmes ;
Et de l'ajuftement y joignoit le fecours.

AZOR.

Sa beauté n'a befoin que de fes propres armes.

NADINE.

Chanfons ! En fe parant, on y gagne toujours.
D'ailleurs, tout s'enfuivoit ; les plaifirs & les graces
Sembloient voltiger fur fes traces.

AZOR.

Ne les y voit-on plus ?

NADINE.

Non.

AZOR.

C'eft donc d'aujourd'hui ?

NADINE.

La date n'y fait rien. Elle fe meurt d'ennui.

AZOR.

Je n'en fçais pas la moindre chofe.

NADINE.

C'eft que l'on ne fçait pas tous les maux que l'on
caufe.

AZOR.

Je la vois tous les jours.

NADINE.

Mais je la vois auffi.

AZOR.

Elle ne femble pas avoir aucun fouci.

NADINE.

Sa triftesse paroît assez sur son visage ;
Et je ne comprends pas que l'on difpute un fait.

à part. AZOR.

De l'amour que j'infpire eft-ce un heureux préfage ?
Aurois-je le bonheur de caufer cet effet ?
Ou bien feroit-ce Affan, pour qui Zémire ! ...
haut.
Mais quelle vifion ! Que venez-vous me dire ?
Votre amie a précifément
Cette douce gayeté, cet aimable enjoûment,
Qui, fans aller jamais jufques à la folie,
S'éloigne également de la mélancolie.

NADINE.

Eh ! c'eft qu'apparemment je ne m'y connois point.

AZOR.

Je ne puis vous paffer ce point.
Elle, de la triftesse ? Elle n'en a pas l'ombre.

NADINE.

Elle eft fi bien en proye au chagrin le plus fombre,
Que même fa beauté s'en reffent.

AZOR.

Ah, grands Dieux !
Jamais un feu plus vif n'a brillé dans fes yeux :
Les beaux jours du printemps ne font pas plus beaux
qu'elle :
A chaque inftant quelque grace nouvelle
Vient, d'un nouvel éclat, embellir fes appas.

NADINE.

Il faut donc qu'avec vous elle fe contrefaffe.

AZOR.

Nadine, la beauté ne fe contrefait pas.

NADINE.

Je voudrois qu'elle vînt pour vous confondre en face :
J'é l'attends ici juftement.

AZOR.

Je conviens avec vous que fon ajuftement
N'emprunte point de l'art la folle bigarrure ;
Que la fimplicité fait toute fa parure.
Nadine je ne puis la blâmer en cela.

NADINE.

Vous avez raifon.

SCENE VI.

ZEMIRE, *avec gayeté & ornée galamment*
avec des fleurs. AZOR, NADINE.

ZEMIRE.

ME voilà.

AZOR.

Quelle parure ! Ah Ciel !

NADINE.

Quelle joie éclatante !

à part.   AZOR.

Zémire cherche à plaire, & ce n'eft pas à moi.

ZEMIRE.

J'ai fuivi tes avis.

NADINE.

Je devine pourquoi.
Vous me paroiffez bien contente !

ZEMIRE.

Pour contente, à préfent je la fuis.

NADINE.

Un moment.
Apporte bien du changement,

AZOR.

Ah! Nadine, un moment, laissez-nous, je vous prie.

NADINE.

Volóntiers : Auffi-bien le férieux m'ennuye.

SCENE VII.

AZOR, ZEMIRE.

ZEMIRE.

Azor!...

AZOR.

Zémire!...

ZEMIRE.

Hé mais....

AZOR.

Hé bien?

ZEMIRE.

Vous paroissez

Rêveur?

AZOR.

Je le deviens.

ZEMIRE.

Pourquoi donc?

AZOR.

Je ne sçais.

ZEMIRE.

Par quelle avanture imprévue
Aurois-je le malheur de blesser votre vue?

AZOR.

Votre éclat m'éblouit.

ZEMIRE.

Quel est ce sombre accueil?
Azor ne daigne pas m'honorer d'un coup d'œil!

AZOR.

Ah ! vous embelliffez ce qui pare les autres.

ZEMIRE.

Des complimens fi vains ne peuvent me flatter.

AZOR.

Vous vous les attirez.

ZEMIRE.

Daignez mieux me traiter ;
Azor, au nom des Dieux, quels chagrins font les
vôtres ?

AZOR.

Que me demandez-vous ?

ZEMIRE.

D'en être de moitié.

AZOR.

Je fuis trop malheureux.

ZEMIRE.

Mes inftances font vaines !
Si vous ne voulez pas que j'entre dans vos peines,
Quand voulez-vous jouir de ma tendre amitié ?
Elle peut, au défaut de mon expérience,
Du moins, de vos malheurs, adoucir la rigueur.

AZOR.

Mais vous, qui me preffez de vous ouvrir mon cœur,
Avez-vous bien en moi la même confiance ?
Depuis qu'auprès de vous je me fuis attaché,
Voyons, n'avez-vous rien que vous m'ayez caché ?
La confiance exige, & veut du réciproque.
Ce doux épanchement doit être mutuel.
Hé quoi donc ? Vous gardez un filence équivoque ?

ZEMIRE, *à part.*

Nadine aura tout dit.

AZOR, *à part.*

Ah, quel moment cruel !

Haut.

Le trouble & la rougeur vous fervent d'interprête.

ZEMIRE.

Azor, ne croyez pas une amie indifcréte.

AZOR.

AZOR.

Ce reproche ingénu n'eſt pas un déſaveu.
Zémire....

ZEMIRE.

Qu'ai-je dit ?

AZOR.

Remettez-vous un peu.
Concertez mieux votre réponſe.

On entend un bruit de Cors de chaſſe.

Qu'entens-je ? C'eſt Aſſan ! Ce grand bruit nous l'an-
nonce.
Vous l'attendiez, ſans doute ! Il tourne ici ſes pas,
Et vient, fort à propos, vous tirer d'embarras.
Je ferai beaucoup mieux de lui céder la place.

à part.

Obſervons-les des yeux.

SCENE VIII.

ASSAN, ZEMIRE. *Suite d'Aſſan.*

ASSAN *à ſa Suite.*

JE réjoindrai la chaſſe.

SCENE IX.

ASSAN, ZEMIRE.

ASSAN, *à part.*

SOus ces traits empruntés, continuons toujours
A me venger d'Azor, en troublant ſes amours;

D

L'ingrat n'a pû m'aimer, empêchons qu'on ne l'aime.

Haut.

Ah ! Zémire, c'est vous ! Mon bonheur est extrême.
Je m'échape en secret pour venir honorer
L'objet le plus charmant que le Ciel ait fait naître.
Dans son plus bel ouvrage, Assan vient l'adorer.
Zémire, à ce portrait, devroit se reconnoître.

ZEMIRE *inquiéte.*

Qui, moi ?

ASSAN.

Vous seule y reffemblez.
Ramenez vos regards errants dans ces retraites.
Ne cherchez point ailleurs ce qui n'est qu'où vous êtes.
L'amour & la beauté font ici raffemblés ;
Assan vient, à vos pieds, dépofer fon hommage.
Vous ne me dites rien ?

ZEMIRE.

Vous parlez un langage
Qui ne s'est pas encore introduit dans ces lieux.

ASSAN.

C'est celui qu'il convient de parler à Zémire ;
Et je n'exprime rien que ce qu'elle m'inspire.

ZEMIRE.

Si je vous inspirois, je vous entendrois mieux.

ASSAN.

Zémire, se peut-il que rien ne vous éclaire ?
Quoi! vous ne voyez pas que je cherche à vous plaire,
Que je vous aime enfin ?

ZEMIRE.

Vous m'aimez ! Et pourquoi !
A peine avez-vous fait connoiffance avec moi.

ASSAN.

Vous avez triomphé dès la premiere vue,
Mon cœur fut pénétré d'une atteinte imprévue,
Quand j'ai voulu combattre, il n'en étoit plus temps.

ZEMIRE.

Plus vous vous expliquez, & moins je vous entends.

Ces grands mots de combat, de triomphe, d'atteinte,
　M'embarrassent l'esprit.

ASSAN.
　　　　　　En quoi?

ZEMIRE.
Il sembleroit que c'est par force & par contrainte
Que vous avez conçu de l'amitié pour moi.

ASSAN.
Vous parlez d'amitié, lorsque je vous adore!
Ce que vous m'inspirez porte un nom plus char-
　mant.

ZEMIRE.
Et quel est-il?

ASSAN.
　　　　L'amour, dont le feu me dévore.

ZEMIRE.
Dites-moi, cet amour est donc un sentiment.

ASSAN.
Ah Ciel, si c'en est un!

ZEMIRE.
　　　　　　Voilà ce que j'ignore.
Plus doux que l'amitié?

ASSAN.
　　　　　　Mille fois plus encore.
De tous les sentimens, l'amour est le plus doux,
Tel qu'il est dans mon cœur, il les renferme tous

ZEMIRE, à part.
Il peut avoir raison.

ASSAN.
　　　　Le rapport est fidelle.
Puissiez-vous en juger par vous-même en ce jour!
La plus vive amitié n'en est qu'une étincelle;
Ou plûtôt elle n'est que l'ombre de l'Amour.

ZEMIRE.
Jamais rien d'approchant n'a frappé mes oreilles:
　J'en ignorois jusques au nom.
Pourriez-vous m'expliquer de si grandes merveilles?
Quand on a de l'amour, à quoi le connoît-on?

　　　　　　　D ij

ASSAN.

A tout ce que je fens, quand le fort nous raffemble.

ZEMIRE.

Et que reffentez-vous?

ASSAN.

Tous les plaifirs enfemble.

ZEMIRE, *à part.*

Voilà l'effet qu'Azor produit fur tous mens fens.

ASSAN.

Puis-je vous exprimer tout ce que je reffens,
L'effet que font fur moi vos armes invincibles?
On ne définit bien l'amour qu'aux cœurs fenfibles.
Ce qu'on ne reffent point ne s'imagine pas.

ZEMIRE.

Fort bien.

ASSAN.

M'entendez-vous?

ZEMIRE.

Je vous fuis pas-à-pas.

Et quand vous me quittez?

ASSAN.

Quelle horreur m'environne!
Oui, Zémire, auffi-tôt mon bonheur m'abandonne;
Les chagrins, les foucis m'attendent au retour;
Par-tout ailleurs, qu'au fond de cet heureux féjour,
Aucun amufement n'eft plus à mon ufage:
Je ne fçais quelle affreufe & mortelle langueur
Répand autour de moi le plus fombre nuage.

ZEMIRE, *à part.*

Il femble, mot-à-mot, lire au fond de mon cœur.
Aurois-je de l'amour? Achevons de m'inftruire.
Haut.
Je devine, à peu près, ce que vous m'enfeignez.
J'imagine l'état que vous me dépeignez:
Mais quel but a l'amour? A quoi peut-il conduire?

ASSAN.

Au bonheur le plus grand, quand il eft mutuel.

ZEMIRE.

Et quand il ne l'eſt pas ?

ASSAN.

Ah ! rien n'eſt plus cruel.

ZEMIRE.

Comment faut-il qu'il ſoit pour être réciproque ?

ASSAN.

On ne peut s'y tromper ; rien n'eſt moins équivoque.
Pour être l'un à l'autre, il ſemble qu'on ſoit né ;
Chacun, vers l'objet de ſa flâme,
Par un penchant égal, eſt ſans ceſſe entraîné ;
On ne fait plus qu'un cœur, qu'un eſprit & qu'une
ame ;
On ne penſe, on n'agit, on n'exiſte en effet
Qu'autant que l'on s'adore ; on devient ce qu'on
aime.

ZEMIRE *avec joie.*

Ce que vous m'apprenez eſt le bonheur ſuprême.
Ah ! de tous les états, voilà le plus parfait.

ASSAN.

Ce n'eſt pas aſſez de me croire :
Pour en être plus ſûre, agréez la victoire
Qui me met en votre pouvoir.

ZEMIRE.

C'en eſt aſſez ; j'ai ſçu ce que je veux ſçavoir.

ASSAN.

Non, Zémire, il vous reſte encore
A goûter le plaiſir d'aimer à votre tour.

ZEMIRE.

Que ſçavez-vous ſi je l'ignore ?

ASSAN *ſe jette aux pieds de Zémire.*

Que cet aveu m'eſt cher ! Oh, trop heureux retour !
Zémire, l'on peut donc vous aimer & vous plaire ?

ZEMIRE.

Ce tranſport n'eſt pas néceſſaire.
A part, en voyant Azor & fuyant.

hA

SCENE X.

AZOR prend la place de Zémire. ASSAN.

ASSAN.

JE connois le prix d'un don si précieux.
Zémire, aimez autant que vous êtes aimée ;
Et soyez, à jamais, ma fortune, mes dieux. . . .
il se léve.
Qu'est devenu l'objet dont mon ame est charmée ?
à Azor.
C'est toi qui l'as fait fuir, rival trop indiscret !
Reste ; & dévore ici ta honte & ton regret.

SCENE XI.

AZOR *seul.*

CE qu'il me fait entendre, a dequoi me confondre ;
Il n'est donc plus de cœur dont on puisse répondre ?
D'où vient qu'à mon aspect Zémire a disparu ?
Elle a fui dès qu'elle m'a vû.
Seroit-ce par égard pour moi-même, ou pour elle ?
Que veut dire un coup d'œil confus, embarrassé,
Qu'elle semble m'avoir tendrement adressé ?
La victoire d'Assan peut n'être pas réelle.
N'en croyons que Zémire. On peut lire aisément
Dans le cœur ingénu de cet objet charmant.
Je pourrois avoir pris une allarme trop forte. . . .
Je cherche à m'abuser, je le sens ; mais n'importe ;
Saisissons une erreur qui flatte mes désirs :
On n'en refuse point de la main des plaisirs.

Fin du premier Acte.

ACTE II.

SCENE PREMIERE.

ZALEG *seul.*

L'Amour m'a fait trouver un heureux ſtratagême,
Nadine doit ſçavoir à préſent que je l'aime.
On n'avoit jamais pris de pareils truchemens.
Mais il ſuffit d'aimer ; & tout ſert aux amans.

SCENE II.

NADINE, ZALEG.

NADINE.

REprenez vos oiſeaux.
ZALEG.
Pourquoi donc ?
NADINE.
Quel dommage !
Vous leur avez gâté leurs chants harmonieux,
En y ſubſtituant un refrain ennuyeux.
Je ne puis ſoutenir cet étrange ramage.

ZALEG.

Que vous difent-ils donc de fi fâcheux.

NADINE.

Comment ?
Du matin jufqu'au foir s'entendre inceffamment
Répéter, fredonner, ramager à l'oreille ;
Zaleg aime Nadine ! Eft-il gêne pareille ?
Que ne leur laiffiez-vous les fons mélodieux
Dont ils font retentir nos forêts & nos plaines ?

ZALEG.

Ils vous parlent de vous.

NADINE.

J'aimerois cent fois mieux
Les entendre chanter leurs plaifirs que vos peines.

ZALEG.

On peut varier ce refrain.
Qui vous patoît trop uniforme.
Pour lui donner une autre forme,
Vous avez un moyen certain.
En tranfpofant les noms. . . .

NADINE.

J'ai peine à vous entendre.

ZALEG.

Et mais, vous pourriez leur apprendre
A mettre votre nom à la place du mien.

NADINE.

Cela diroit : » Nadine aime Zaleg.

ZALEG.

Fort bien.
Alors ils chanteroient mes plaifirs & les vôtres,

NADINE.

Je ne veux pas qu'ils foient dans la bouche des autres.
Bon voyage aux oifeaux : en faveur de leurs chants,
Ils vont tous, de ma grace, avoir la clef des champs.

ZALEG.

Soit. Ils iront dans ces retraites.
Continuer leurs chants nouveaux ;

Et

Et bientôt les autres oiseaux
Seront aussi mes interprètes.
Ils auront des petits qui les imiteront.
Les uns, de proche en proche, iront dans les campa-
gnes,
Dans les forêts, sur les montagnes,
Les apprendre aux échos qui les répéteront ;
D'autres, accoûtumés à de plus grands voyages,
Traverseront les vastes mers,
Et porteront au bout de l'univers
La nouveauté de leurs ramages ;
Et par-là, nos deux noms réunis désormais,
Seront connus par-tout, & ne mourront jamais.

N A D I N E.

Non ; un pareil honneur n'est pas ce qui m'anime ;
Plus nous faisons de bruit, & moins on nous estime.
Ainsi je garderai vos petits indiscrets,
Afin qu'ils n'aillent pas répandre nos secrets.

Z A L E G.

Ah ! Nadine, achevez de me rendre la vie.

N A D I N E.

Avec Zémire ici je suis en rendez-vous.
Je la vois ; elle vient. Laissez-nous, je vous prie ;
Elle n'a pas besoin d'un témoin tel que vous.

SCENE III.

ZEMIRE, NADINE.

ZEMIRE.

Nadine, excuse-moi, si je t'ai fait attendre.

N A D I N E.

Quand j'attends, je m'amuse au lieu de m'ennuyer.
Eh bien, Azor, Assan, n'ont pû vous égayer ?

E

ZEMIRE.

Je ne ſçais plus auquel entendre.

NADINE.

Eh! de leur tyrannie il faut vous affranchir.

ZEMIRE.

Ah, Nadine!

NADINE.

Quoi donc?

ZEMIRE.

J'ai bien à réfléchir.

NADINE.

Sur quel ſujet?

ZEMIRE.

Sur tout ce que je viens d'apprendre.
Aſſan, qui me déplaît, que je ne puis ſouffrir,
Vient pourtant de me découvrir
Des choſes qui vont te ſurprendre,
Dont il ſemble qu'Azor ait craint de me parler,
Et qu'au fond de mon cœur j'ai peine à déméler.

NADINE.

Voyons.

ZEMIRE.

C'eſt une découverte
Qui pourra bien cauſer ma perte.

NADINE.

Que vous a-t-il appris?

ZEMIRE.

Le ſecret de mon cœur.

NADINE.

Comment?

ZEMIRE.

Oui, la cauſe cachée
De cette mortelle langueur
Que tu m'as, tant de fois, vainement reprochée.

NADINE.

La découverte eſt bonne; elle doit vous charmer.

ZEMIRE.

Nous croyons nous aimer autant qu'on peut aimer?

NADINE.

L'amitié nous unit : rien n'égale la nôtre.

ZEMIRE.

Eh bien dans la nature, il est un sentiment
Cent fois plus doux, plus vif, plus tendre, & plus
— charmant,
Que toute l'amitié qui nous joint l'une à l'autre.

NADINE.

Et ce sentiment-là, comment l'appellez vous ?

ZEMIRE.

Il le nomme l'amour.

NADINE.

Eh bien, s'il est si doux,
Soit ; ayons de l'amour, Zémire, il en faut prendre.

ZEMIRE.

J'ai bien peur d'en avoir. On vient de me l'apprendre.

NADINE.

Comment vous craignez d'en avoir ?

ZEMIRE.

Oui, ma chere Nadine.

NADINE.

Et ne peut-on sçavoir
Pourquoi, loin d'en être enchantée
Zemire me paroît en être épouvantée ?
Ne m'avez-vous pas dit qu'il n'est rien de plus doux ?

ZEMIRE.

Oui : mais il n'est charmant qu'autant qu'on en inspire :
S'il n'est pas mutuel, c'est un cruel martyre.

NADINE.

Mais, vraiment, il sera mutuel entre nous.
Si c'est-là le moyen de s'aimer davantage,
Zémire, vous n'avez qu'à m'en communiquer.

ZEMIRE.

Nous ne pouvons ensemble en faire aucun partage.
Cet amour.... je ne sçais comment te l'expliquer....
Ah, que j'y suis embarrassée !

NADINE.

Je ne puis deviner.

ZEMIRE.

Non , j'ai dans la penfée
Qu'il faut que tout me refte , ou qu'un autre que toi ,
Que je n'ofe nommer, le partage avec moi.
Par exemple, Affan m'aime ; il me l'a fait connoître:
Il a pour moi de cet amour :
Il fera malheureux autant qu'on puiffe l'être ;
Il n'obtiendra de moi jamais aucun retour.

NADINE,

L'énigme eft un peu moins obfcure ;
Mais voyons, contez-moi cette étrange avanture,
Cet Affan , dites-vous , a pour vous de l'amour ,
Et faute d'un certain retour ,
Sa fituation deviendra bien affreufe ?

ZEMIRE.

Je ferai dans le même cas,

NADINE.

Et ne pourriez-vous être un peu moins malheureufe?

ZEMIRE.

Non ; puifqu'apparemment Azor ne m'aime pas,

NADINE, à part.

J'ai mes raifons auffi pour chercher à m'inftruire.

Haut.

Mais à quoi voyez-vous qu'Azor n'a point d'amour?
Quel effet dans fon cœur auroit-il dû produire ?

ZEMIRE.

Tous les tranfports qu'Affan m'a fait voir en ce jour.
Il vient de me jurer qu'il m'aime , qu'il m'adore ;
Qu'il a pris dans mes yeux un feu qui le dévore :
En termes plus flatteurs, plus doux, & plus charmans,
On ne peut jamais rendre un fi fenfible hommage,
L'encens qu'on offre aux Dieux ne vaut pas ce lan-
gage :
Hélas ! c'eft celui des Amans.
Dans la bouche d'Azor qu'il auroit eu de charmes !
Et qu'il m'épargneroit de foupirs & de larmes !

Il s'en feroit fervi, s'il avoit de l'amour :
Et peut-on en parler un autre à ce qu'on aime ?
Je ne me fouviens pas qu'Azor, jufqu'à ce jour,
M'ait jamais fait jouir de la douceur extrême
De lui voir éprouver ces tranfports enchanteurs :
Jamais, en me parlant, il ne m'a fait entendre
Ni ces expreffions, ni ces termes flatteurs,
Dont je crois que l'ufage eft fi doux & fi tendre.
Les aurois-je oubliés, s'il les eût employés !
Azor n'a point d'amour.

NADINE.

        Mais dites-moi, Zémire,
    Suppofé que vous en ayez,
Eft-il fûr que ce foit pour Azor ?

ZEMIRE.

          Je t'admire !
Et quel autre que lui pourroit m'en infpirer ?
Sur ce qu'Affan m'a dit, je me fuis reconnuë.
Le détail qu'il m'a fait a deffillé ma vue :
Ce n'eft que loin d'Azor qu'on me voit foupirer ;
Son abfence m'accable, & me devient mortelle :
Il femble que ce foit une Eclipfe cruelle.
    Mais fi-tôt que je le revois,
Ma fituation change, elle n'eft plus la même.
Il ranime mes yeux, mon efprit, & ma voix.
Je me retrouve alors dans un état que j'aime.
Qu'il eft doux ! Ah ! Nadine, en effet, je jouis
Du bonheur que je crois le plus grand de la vie.
Dans ces momens, toûjours trop tôt évauouis,
L'avenir, le paffé, tout fe perd & s'oublie.
Mes chagrins font fi bien détruits ou fufpendus,
Qu'il ne me fouvient pas d'en avoir jamais eus.

NADINE, à part.

Je m'inftruis fort bien avec elle.
    haut.
Ah ! comme vous vous animez !
Vous avez deviné, c'eft lui que vous aimez.

        E iij

ZEMIRE.

Oui : mais j'aimerois feule.

NADINE.

Il vous fuit avec zéle ;
Il vous donne des foins ; il vous préfere à nous.

ZEMIRE.

D'accord.

NADINE.

Il ne fe plaît feulement qu'avec vous.

ZEMIRE.

Il n'entre point d'amour dans toute fa tendreffe.
Ce n'eft que l'amitié qui pour moi l'intéreffe.
Tous fes foins les plus doux peuvent s'y rapporter.
Il ne me trouve pas digne d'un autre hommage.
Je manque apparemment d'attraits, d'efprit ou d'âge.
Je ne puis plus me fupporter.

Elle s'affied.

NADINE, *à part.*

Tout bien confidéré, je crois que Zaleg m'aime ?
Que ne me l'a-t-il dit ? D'où viennent ces égards.

ZEMIRE.

Qu'eft-ce que tu dis-là ?

NADINE.

Je compte avec moi-même.

ZEMIRE.

Cependant, quand je fonge à ces tendres regards
Qu'il attachoit fur moi ! . . . Me ferois-je trompée ?
Les miens plus d'une fois ont fait baiffer les fiens :
J'en ai fouvent été frappée.
J'ai furpris des foupirs tout femblables aux miens.

NADINE.

Tant mieux.

ZEMIRE.

J'ai crû lui voir du trouble, des allarmes,
Et quelquefois les yeux prêts à verfer des larmes,
Et tout-à-l'heure encore.

NADINE.

Il peut être enflammé,

ZEMIRE.
Mais sa bouche jamais ne m'a rien confirmé.

NADINE.
Eh ! Ne gardez-vous pas avec lui le silence ?

ZEMIRE.
Le sien peut-il se colorer ?
Nadine, ah, quelle différence !
Supposé qu'Azor m'aime, il ne peut l'ignorer. ...
Il me vient une idée. Oserois-je la croire ?
Est-il honteux d'aimer ? Faut-il garder son cœur ?
Et seroit-ce blesser son honneur & sa gloire
Que de reconnoître un vainqueur ?
Ah ! s'il faut que l'amour ne soit qu'une foiblesse,
Voilà ce que j'ignore.

NADINE.
Il n'est pas naturel. ...

ZEMIRE.
Cette idée en effet me révolte & me blesse.

NADINE.
Elle n'a donc rien de réel.
Vous vous fabriquez-là des terreurs insensées
Qu'il faut combattre, au lieu de s'en laisser saisir ?
Dans la confusion de vos tristes pensées
Votre esprit se travaille, & se perd à plaisir.
J'en pourrois comme vous avoir en affluence.
Par bonheur je n'ai plus l'esprit de m'attrister.
Elle entend quelque bruit, & va regarder.
Qu'entens-je ?

ZEMIRE *languissamment.*
Quelle douce & paisible influence
Vient assoupir mes sens ? Je n'y puis résister.
Sur mes yeux accablés le sommeil va descendre :
C'en est fait ; il triomphe, & me force à me rendre.

NADINE *revenant.*
Ce n'est rien. Je croyois que l'on venoit ici.
Mais, Zémire, espérez. Zaleg qui m'aime aussi,
M'en avoit, jusqu'ici, toûjours fait un mystere.
Ce n'est que d'aujourd'hui que, lassé de se taire,

E iv

Il m'a fait fçavoir fon amour.
Me diriez-vous pourquoi l'ingénieux détour
Dont Zaleg s'eft fervi, ne m'a pas moins charmée,
  Que le plaifir d'en être aimée ?
Je vais vous le conter.... Mais je parle aux échos !
Ah, ah ! je vous endors ? Hé bien, à la pareille.
Mais ne nous fâchons pas de ce qu'elle fommeille ;
La pauvre infortunée a befoin de repos.

SCENE IV.

ASSAN, ZEMIRE endormie.

ASSAN.

LE charme a réuffi, Zémire eft endormie.
Sommeil je t'ai livré ma mortelle ennemie :
  Daigne m'aider, redouble tes pavots.
Tandis qu'elle jouit des douceurs du repos,
Employons les moyens qui rendent tout poffible ;
Déployons à fes yeux, prodiguons, répandons
Les biens les plus parfaits, les plus précieux dons :
Zémire comme une autre y doit être fenfible.

On lui apporte un coffret ouvert, plein de perles &
de pierreries, qu'elle pofe à côté de Zémire.

  Qu'elle en trouve, en fe réveillant,
  L'affemblage le plus brillant :
  Cette richeffe imaginaire
Ne peut manquer d'avoir fon fuccès ordinaire...
  Mais, fi le piége que je tends
  Ne produit pas l'effet que j'en attends ;
Quelle fera ma honte & ma douleur extrême !
Dans un fonge enchanteur faifons que mon ingrat
Apparoiffe à Zémire avec tout fon éclat.
  Oppofons Azor à lui-même.

Puiffe-t-elle, à mon gré, lui plaire, l'enflammer,
Et perdre fon bonheur en fe faifant aimer....
Je dois tout efpérer de ce double artifice....
Que m'importe, pourvû qu'un des deux réuffiffe ?
Azor n'en aura pas un deftin moins fatal.

Elle fort.

SCENE V.

AZOR, *avec un bouquet à la main.*
ZEMIRE *endormie.*

AZOR.

AMour conduis mes pas... Quoi, toujours mon
  rival !
Il femble qu'en tous lieux fon ombre m'accompagne!
C'eft ici que Nadine a laiffé fa compagne :
Elle y doit repofer loin du jour & du bruit.
Avançons, & cherchons cette aimable mortelle.
Je ne vais qu'en tremblant où mon cœur me conduit.
La voici.... Mais, ô Ciel ! Que vois-je à côté d'elle !
Les dons de mon rival ont prévenu les miens.
Quelle profufion ! Je l'avois bien prévue.
Zémire, en s'éveillant, y portera la vue.
Mes yeux font éblouis ! Que deviendront les fiens ?
Et moi, pour foutenir un combat fi funefte,
Voilà ce que j'oppofe, & quel eft mon pouvoir.
Cette foible reffource eft tout ce qui me refte.
Si le plus tendre amour ne la fait pas valoir,
Que vais-je devenir ?.... Zémire, on vous outrage.
Ce tribut offenfant doit bleffer votre honneur ;
Et vous devez fentir que cet indigne hommage
Vient moins d'un tendre Amant que d'un vil fu-
  borneur.

Dépofons à fes pieds une offrande plus pure,
Puiffe-t-elle trouver quelque grace à fes yeux !
Ah ! du moins je la tiens des mains de la nature.
Ce que j'offre à Zémire , eft ce qu'on offre aux Dieux,

SCENE VI.

ZEMIRE *feule , fe réveillant.*

OU fuis-je ? Eft-il bien fûr que ce ne foit qu'un
fonge ?
N'ai-je point en effet difpofé de ma foi ?
Raffurons-nous ; ce n'eft heureufement pour moi
Qu'une de ces erreurs où le fommeil nous plonge.
Tâchons d'en effacer la trifte impreffion....

Elle apperçoit les diamans.

Seroit-ce une autre illufion ?
Suis-je encore endormie ? Ah Ciel ! Eft-il poffible ?
Eft-ce à moi qu'on en veut ? La frayeur me faifit.
Tandis que je dormois , quelle main invifible
A mis auprès de moi ? .... Mais lifons cet écrit.

(*Elle lit.*)

Zémire... c'eft ainfi qu'Affan prouve qu'il aime.

Mon cœur ne fe fent point flatter
De ces preuves d'amour , qu'Affan fait éclater.
Quand j'y penfe , j'éprouve un fentiment contraire.
Il croit que l'intérêt pourroit me maîtrifer.
Quoi ! fe peut-il qu'Affan foit affez téméraire. ...
Je ne fçais point haïr ; mais je fçais méprifer.

Elle apperçoit le bouquet.

Ah, quel don plus flatteur fe préfente à ma vue ?
Mon ame , à cet afpect , eft tendrement émue :
Il vient d'une autre main... Ah , s'il venoit d'Azor,
Et quel autre que lui m'offriroit ce tréfor ?

De fa tendre amitié c'eſt un aimable gage.

Elle prend le bouquet & l'admire.

Rien n'eſt pour moi plus précieux.
Qu'il m'eſt cher ! Je l'accepte. Oui, j'en vais faire
uſage.
Que je l'admire encore ! Il enchante mes yeux.
Il ſemble que ce ſoient autant de fleurs nouvelles
Qu'auparavant je ne connoiſſois pas.
Je ne leur avois point découvert tant d'appas :
Jamais je ne les vis ſi fraîches & ſi belles.
On n'en pouvoit pas mieux aſſortir les couleurs.

Elle le flaire.

On ne peut reſpirer de plus douces odeurs.

Elle l'eſſaye.

Que je vais être ornée, & peut-être embellie !

Elle l'attache.

Il ſera beaucoup mieux... Non, rien n'eſt plus parant.
Je n'aurai point été ſi belle de ma vie.
Le plaiſir que je ſens m'en eſt un ſûr garant.

SCENE VII.

AZOR, ZEMIRE.

AZOR, *à part.*

C'En eſt fait, mon ſecret n'eſt plus en ma puiſſance.
Tombons à ſes genoux... Je perdrois mon bonheur.

ZEMIRE, *lui montrant le bouquet.*

Voyez votre bienfait & ma reconnoiſſance.

AZOR.

Je vois qu'on ne peut pas lui faire plus d'honneur.

ZEMIRE.

Azor, il faudroit lire au fond de ma penſée :

L'expreſſion ne peut en rendre la moitié.

AZOR.

Il eſt vrai que jamais la plus tendre amitié
Ne fut mieux reconnue & mieux récompenſée.

ZEMIRE *avec dépit, à part.*

Quoi toujours l'amitié !

AZOR.

Je ſens à tous momens
Qu'elle augmente pour vous mes tendres ſentimens.

ZEMIRE.

Lui dirai-je mon rêve ? Oui.

AZOR, *à part.*

Qui peut la diſtraire ?

ZEMIRE, *à part.*

Sur mes doutes ſecrets il faut que je m'éclaire.
Que vais-je faire ? O Ciel !

AZOR.

Vous ſemblez ſoupirer ?

ZEMIRE.

Je ſoupire, il eſt vrai.

AZOR.

Quel chagrin vous attriſte ?
Aurois-je le malheur de vous en inſpirer ?

ZEMIRE.

Vous ?

AZOR.

Ah ! Permettez que j'inſiſte.

ZEMIRE.

Hélas !

AZOR.

Diſſipez mon effroi.
Sur des momens d'abord ſi remplis d'allégreſſe,
Et que j'ai crus, pour vous, auſſi chers que pour moi,
Pourquoi répandez-vous la plus ſombre triſteſſe ?

ZEMIRE, *après avoir rêvé.*

Elle vient malgré moi d'un ſonge que j'ai fait.

AZOR.

Un ſonge, dites-vous ?

ZEMIRE.

L'impreſſion m'en reſte ;
Il ſemble m'annoncer un avenir funeſte ;
Et je crains qu'il n'ait ſon effet.

AZOR.

Quoi ? vous donnez dans une erreur pareille,
Une chimére, une vapeur,
Qui ne durent qu'autant que la raiſon ſommeille,
Troublent votre repos ! Un rêve vous fait peur ?
Ah, Zémire, eſt-il vrai ?

ZEMIRE.

Je l'avoue à ma honte.
Mais il faut cependant que je vous le raconte.
Peut-être me calmerez-vous.

AZOR.

Voyons ; j'y ferai mon poſſible.

ZEMIRE.

Vous m'avez tant parlé d'un Génie inſenſible,
Dont la punition eſt d'errer parmi nous. . . .

AZOR.

Je ſçais que je vous ai raconté ſon hiſtoire,
Et que même vous l'avez plaint.

ZEMIRE.

Azor, vous ne pourrez me croire,
Mais, tel que vous l'avez dépeint,
Sous la même figure, avec les mêmes charmes,
Qui forcerent la Fée à lui rendre les armes,
Aujourd'hui ce Génie. . . .

AZOR.

Hé bien !

ZEMIRE.

M'eſt apparu.

AZOR.

Je vous ſuis ; . . . Il vous eſt apparu ?

ZEMIRE

C'eſt lui-même.

AZOR *tranſporté, à part.*

Ah ! faut-il lui cacher que c'eſt moi qu'elle a vû ?

ZEMIRE.

Je ne puis revenir de ma surprise extrême.
Je l'ai vû de mes yeux, & j'ignore comment
Je l'ai trouvé charmant... Mais c'étoit en dormant.
Sa beauté m'a frappée; il faut que je le dise.

AZOR.

Ne cherchez point, Zémire, à vous en excuser.

ZEMIRE.

Et mais pardonnez-moi ; je dois m'en accuser.
Je n'ai pas même été surprise
Qu'une Fée ait voulu lui plaire, & le charmer :
En effet, elle a pû s'en laisser enflammer.

AZOR.

Il a dû vous trouver plus adorable qu'elle.

ZEMIRE.

Du moins, il me l'a dit.

AZOR.

Je le crois aisément.

ZEMIRE.

Elle doit m'en punir, puisqu'elle est si cruelle.

AZOR.

Je devine facilement
Qu'il vous aura rendu l'hommage le plus tendre.

ZEMIRE.

Le plus tendre, il est vrai.

AZOR, *à part.*

Que ne m'est-il permis ! ....

Haut.

Sans doute il vous aura promis
De vous aimer toûjours ?

ZEMIRE.

Il me l'a fait entendre.

AZOR.

Et vous, Zémire ? ....

ZEMIRE.

Et moi ?

AZOR.
Qu'avez-vous répondu ?
Votre cœur a-t-il pû demeurer inflexible ?

ZEMIRE.
Non.... Mais ce n'eſt qu'un ſonge, au moins.

AZOR.
Bien entendu.

ZEMIRE.
Le traître, malgré moi, l'a rendu trop ſenſible.

AZOR.
Fort bien.

ZEMIRE.
Comment, vous l'approuvez ?
A part.
Eſt-ce ainſi que je l'intéreſſe ?

AZOR.
Je vous en applaudis. De grace, pourſuivez.

ZEMIRE, *avec dépit.*
J'ai promis de répondre un jour à ſa tendreſſe.

AZOR.
Tant mieux.

ZEMIRE.
Vous n'êtes pas étonné, confondu ?

AZOR.
Non : je ne vois rien là qui ne ſoit très-poſſible.
Enſuite!

ZEMIRE.
Je ne ſçais ; mais un charme invincible
Sur lui, comme ſur moi, s'eſt fort répandu,
Qu'alors vers un autel j'ai ſuivi ce Génie ;
Il m'a dit qu'il falloit que je lui fuſſe unie.
Tous mes vœux ſe trouvant d'accord avec les ſiens,
J'ai reçu ſes ſermens, il a reçu les miens.
Auſſi-tôt le ſommeil, le Génie, & le ſonge,
Tout a fui. Quel plaiſir n'ai-je pas eu de voir
Que ce n'étoit-là qu'un menſonge!

AZOR.

Peut-être.

ZEMIRE.

Comment donc ?

AZOR.

Ce fonge peut avoir
Un effet plus conftant que vous ne pouvez croire.

ZEMIRE.

J'aurois à redouter qu'il ne devînt réel ?

AZOR.

Vous pouvez l'efpérer.

ZEMIRE.

Que vous êtes cruel !
Au lieu de le chaffer de ma trifte mémoire,
Vous augmentez l'effroi qu'il me laiffe après lui.
Mais pourquoi penfez-vous autrement aujourd'hui ?
D'où vient que vous changez à préfent de lan-
gage ?
Ne m'avez-vous pas dit qu'un fonge eft une er-
reur ?
Qu'en bien, ainfi qu'en mal, il n'eft d'aucun pré-
fage ;
Qu'il ne doit infpirer ni crainte, ni terreur ;
Conciliez-vous donc. Que faut-il que je croye ?
D'un Génie inconnu je deviendrois la proye !
Je l'aimerois par force, ou par enchantement !
Non ; je n'aurai jamais un deftin fi contraire :
C'eft en vain qu'il viendroit réclamer mes fer-
mens.

AZOR.

Eh quoi ? N'a-t-il pas eu le bonheur de vous plaire ?

ZEMIRE.

Ai-je agi librement en cette occafion ?
Je n'ai point eu de part à cette illufion.

AZOR.

Ne répondez de rien.

ZEMIRE.

ZEMIRE.

Je crois en être sûre.

AZOR.

Non, vous ne l'êtes pas ; c'est moi qui vous l'assure,
Vous pourriez vous dédire avant la fin du jour.

ZEMIRE.

Et moi, je jure, je proteste
Que jamais ce Génie avec tout son amour. . . .

AZOR.

Ah ! Zémire, arrêtez. N'achevez pas le reste.
Tout ce qui vous est cher, vous presse par ma
    voix . . . .

ZEMIRE.

Azor, c'en est assez ; j'aurois tort, je le vois.
A vos sages avis, Zémire doit se rendre.
Il faut nous épargner des débats superflus.
Quel que soit l'avenir, Azor, je vais l'attendre.
Ce sera loin de vous. . . . Ne nous rencontrons plus ;
Evitons-nous tous deux ; moi, par obéissance ;
    Et vous, Azor, par complaisance.

Elle détache son bouquet, & le lui rend, en le jettant
    avec dépit.

Au surplus, reprenez ce que je tiens de vous :
    Assan en seroit trop jaloux.

SCENE VIII.

AZOR *seul.*

Que son dépit la rend touchante ?
Non, jamais il ne fut un objet plus charmant.

Ah Dieux, que la beauté s'embellit en aimant !
Que son courroux est cher à mon cœur ! Qu'il m'en-
    chante !
Mais ce n'est pas assez, s'il ne peut l'engager
A prononcer l'aveu de sa tendresse extrême.
Ne dira-t-elle point que c'est Azor qu'elle aime ?
Fée injuste, à jamais voulez-vous vous venger ?

Fin du second Acte.

ACTE III.

SCENE PREMIERE.

ZEMIRE, NADINE.

ZEMIRE.

NE me reprochez plus ma tristesse profonde.

NADINE.

J'ai crû que votre cœur devoit être content ;
Zaleg, que je quitte à l'instant,
M'a dit qu'Azor étoit le plus content du monde.

ZEMIRE.

Sa joye est un outrage ; & l'éclat qu'il en fait
Est d'une cruauté....

NADINE.

Vous pleurez !

ZEMIRE.

Oui, je pleure.
De tout ce qu'il m'a fait entendre tout à l'heure,
Il devroit être satisfait.

NADINE.

Mais le dépit qui vous anime,
Est-il bien raisonnable ?

ZEMIRE.

Ah ! j'ose t'en prier,
Ne parlons plus d'Azor ; épargne sa victime.

F iij

NADINE.

Allons, n'y penfons plus.

ZEMIRE.

Je le veux oublier.

Ah ! falloit-il qu'il vînt , exprès dans ces retraites,
M'apprêter le fujet d'un fi long repentir ?
Sçais-tu ce qu'il m'a dit, ce que j'ai dû fentir
Dans les réponfes qu'il m'a faites ?
Il me céde fans peine à qui voudra m'aimer ;
Je lui fuis devenue une charge importune ;
Il fe laffe des foins qui fembloient le charmer ;
Il veut , dans d'autres mains , remettre ma fortune ;
En termes affez clairs il vient de m'annoncer
Qu'à l'efpoir d'être à lui , mon cœur doit renoncer.

NADINE.

C'eft trop offenfer votre gloire.
D'Azor & de fes foins on pourra fe paffer.
De votre fouvenir il le faut effacer.

ZEMIRE.

Hé, peut-on difpofer ainfi de fa mémoire !

NADINE.

Pour des fujets moins importans,
Je vois que , parmi nous , tous les jours on oublie.
Sa plus chére compagne , & fa meilleure amie :
Bien ou mal-à-propos , pour la plûpart du tems,
On fe brouille avec elle ; on la quitte ; on en change,
On la punit , & l'on fe venge.
Zémire , ce doit être , à plus forte raifon,
Tout de même en amour.

ZEMIRE.

Quelle comparaifon !

NADINE.

Vous pouvez , en changeant , vous venger à votre
aife.
Affan . . . .

ZEMIRE.

Hé, que veux-tu que j'en faffe ?

NADINE.

Un vengeur.

Aſſan n'a qu'à vous plaire... Eſt-ce un ſi grand malheur ?

ZEMIRE.

Mais comment veux-tu qu'il me plaiſe ?

NADINE.

Sçais-je comme on inſpire, & comme on prend du
goût ?
Je crois que tout cela ſe fait à l'avanture.
On céde à ſon étoile, & l'on ſuit la nature.
Aſſan vous aime. Hé bien, le dépit méne à tout ;
Il tient lieu de raiſon dans un cœur qu'on outrage.

ZEMIRE.

Je veux prendre un guide plus ſage.
L'oubli ſera plus ſûr, j'en ferai mon bonheur.

NADINE.

L'oubli me paroîtroit plus ſûr que tout le reſte ;
Mais il traîne en longueur. La vengeance eſt plus
preſte,
Et d'ailleurs, fait bien plus d'honneur,

ZEMIRE.

Ainſi donc, contre Azor, Nadine ſe déclare !
Elle veut m'engager à le ſacrifier,
Au lieu de m'obliger à le juſtifier !

NADINE.

Ah, ah, l'amour rend donc l'eſprit un peu bizarre !

ZEMIRE.

Je vois que, ſur ſes maux, on a tort d'éclater,
Que dans le fonds de l'ame il faut qu'on les dévore ;
Je conſulte une amie, elle m'accable encore ;
Elle a la cruauté de ne me point flatter.

NADINE.

J'admire juſqu'où va votre injuſtice extrême.

ZEMIRE.

Laiſſe-moi, j'aurai ſoin de m'abuſer moi-même.

SCENE II.

ZEMIRE *seule*.

LE pourrai-je en effet ! Ah, trop funefte jour,
Où l'on m'a fait fçavoir ce que c'eft que l'amour !
J'étois biens moins à plaindre avant que d'être inf-
    truite ;
Mon ignorance étoit paifiblement féduite.
Mon malheur, ce me femble, avoit moins de rigueur.
Ah, qu'il m'eft douloureux de connoître mon cœur !
Pourquoi faut-il qu'Affan m'ait découvert la caufe ?

SCENE III.

ASSAN, ZEMIRE.

ASSAN.

ZEmire, connoiffez quel eft votre pouvoir.
Je n'ai d'autre plaifir que celui de vous voir ;
En vous, eft le feul bien que mon cœur fe propofe.
Je n'envifage plus d'autre félicité,
Que de brûler pour vous de la plus vive flamme ;
Et d'exciter pour moi dans le fond de votre ame
        Un peu de fenfibilité.
J'y pourrois afpirer fans être téméraire.
        ZEMIRE.
Mais quel droit avez-vous pour prétendre à me
    plaire ?
        ASSAN.
Je puis vous procurer un fort digne de vous;

C'eſt-là mon titre le plus doux.

A part.

Tâchons de l'éblouir.

ZEMIRE, *à part.*

Cherchons à m'en défaire.

ASSAN.

Vous n'avez pas ſoumis un Amant ordinaire.

ZEMIRE.

Je ne pourrai jamais en connoître le prix.

ASSAN.

Vous n'avez vû tantôt que de foibles prémices :
Ces garants de l'amour dont mon cœur eſt épris ;
Ont dû vous annoncer de plus grands ſacrifices.

ZEMIRE.

Vous vous abaiſſez trop ; placez mieux votre choix.
Je ne mérite point cette grace importune.
Mon deſtin a fixé ma vie & ma fortune
Dans ce Hameau prochain, & dans l'ombre des bois.

ASSAN.

Ne faites point au ſort cet injuſte reproche.

C'eſt la beauté qui fait les rangs :
Et je n'en connois point que l'amour ne rapproche.

ZEMIRE.

Ils me ſont tous indifférens.

ASSAN.

Tant de beautés ne ſont point faites
Pour languir triſtement dans ces ſombres retraites ;
C'eſt dans un plus grand jour qu'elles doivent briller.
Adorable Zémire, apprenez ma puiſſance.

ZEMIRE.

Epargnez-vous le ſoin de me la détailler.
Je me ſens attachée aux lieux de ma naiſſance.
Laiſſez-moi profiter des bontés du hazard ;
Qui m'a fait naître au fond de cette ſolitude.

Soit préjugé, ſoit habitude,
Je l'aime. Je ſerois étrangére autre part.
Et qu'irois-je y chercher ? Ailleurs, rien ne m'appelle.

L'innocence raſſemble ici les vrais plaiſirs.
La nature avec ſoin remplit tous nos deſirs :
Elle regne ſur nous ; & nous regnons ſur elle.

ASSAN.

Votre empire eſt par-tout. Daignez ſuivre mes pas ,
Et devenez ſenſible au plaiſir d'être aimée.
Au milieu d'une Cour attentive & charmée ,
Un Trône vous attend.

ZEMIRE.

          Je ne m'y plairois pas.

ASSAN.

Zémire , y penſez-vous ? Quel eſt donc ce langage ?

ZEMIRE.

Ah ! je n'ai pas beſoin d'y penſer davantage.

ASSAN.

Un Trône vous déplairoit !

ZEMIRE.

                 Oui.

ASSAN.

Quoi , je ne pourrois pas vous le rendre agréable ?

ZEMIRE.

Non.

ASSAN.

Ce refus eſt inouï.

ZEMIRE.

Il n'en eſt pas moins véritable.

ASSAN.

Je vois ce qui vous rend ſi contraire à mes vœux.

ZEMIRE.

Eh ! que croyez-vous voir , quoi ?

ASSAN.

             L'erreur où vous êtes.
Il eſt un inconnu , qu'un deſtin malheureux
A relegué dans ces retraites.

ZEMIRE.

Eſt-ce Azor ?

ASSAN.

Oui. Peut-être eſpérez-vous qu'un jour

                      Son

Son amitié pourra se changer en amour.
S'il eût été sensible, il vous auroit aimée ;
Son ame, dès long-tems, se seroit enflammée.
Depuis qu'il vous connoît il seroit votre Amant.
     D'ailleurs, un tendre engagement
Est rarement le fruit d'une longue habitude.
La foudre est, dans les airs, moins lente à s'allumer
Que l'amour dans nos cœurs n'est prompt à se former :
     Avec autant de promptitude
Il nous porte le coup qu'il nous a destiné ;
On ne l'évite point ; l'atteinte est imprévue.
Un regard, un coup d'œil, dès la premiere vue,
     Le font éclore ; aussi-tôt il est né.
On a beau le cacher, il devient si sensible,
Que l'on ne tarde guére à le rendre visible :
On le déclare : heureux si l'aveu qu'on en fait
     Pouvoit toujours produire un bon effet !

     Z E M I R E, *à part.*

Il n'a jamais rien eu que de triste à m'apprendre.
  haut.
Ne me trompez-vous pas ?

     A S S A N.

     Voudrois-je vous surprendre ?

     Z E M I R E,

Mais pourtant vous m'aimez.

     A S S A N.

         Beaucoup.

     Z E M I R E,

Hé bien, quelle est votre espérance ?

     A S S A N.

De vous rendre sensible à ma persévérance.

     Z E M I R E.

L'amour ne vient jamais, s'il ne vient tout d'un coup :
Dès le premier abord j'aurois eu l'ame éprise :
Ainsi, vous voyez bien, sans que je vous le dise,
Que je n'aurai jamais aucun amour pour vous.

     A S S A N.

Mais vous vous appliquez ce qui n'est que pour nous.

         G

C'eft à nous, les premiers, à vous rendre les armes.
Nous devons commencer d'abord par vous aimer.
Il faut qu'auparavant esclaves de vos charmes,
     Nous cherchions à vous enflammer,
Pour arriver enfin à ce bonheur suprême.
     Ainfi Zémire, en vous aimant,
Je pouvois me flatter que mon amour extrême
     Obtiendroit un retour charmant.

ZEMIRE.

Ces diftinctions-là ne vous avancent guére.

ASSAN.

Mais il s'agit d'Azor; Zémire, en bonne-foi,
Ce rival eft-il fait pour obtenir fur moi
     La préférence la plus chére ?
Par où mérite-t-il un don fi précieux ?
     Ce n'eft qu'un mortel ordinaire :
Je ne vois rien en lui qui puiffe tant vous plaire.

ZEMIRE.

Je ne fçaurois le voir qu'avec mes propres yeux.

ASSAN.

Tout différe entre nous, nos rangs, nos biens, nos âges,
Je crois avoir fur lui d'affez grands avantages.

ZEMIRE.

Ils peuvent être vrais; mais je ne les fens pas.

ASSAN.

Mais, Zémire, fongez qu'à vos divins appas
Son cœur ne s'eft jamais offert en facrifice :
Il ne l'en croit pas digne; il s'eft rendu juftice :
S'il eût été pour vous, épris du moindre feu,
Je vous l'ai déja dit, je le répéte encore,
Croyez que, dès long-tems, il en eût fait l'aveu.
Il vous auroit cent fois juré qu'il vous adore.

ZEMIRE.

Il ne me l'a pas dit. Mais l'amour, par hazard,
     N'a-t-il point quelqu'autre langage
     Où la bouche n'a point de part ?

ASSAN.

Celui des yeux eft quelquefois d'ufage :

Mais c'est lorfqu'on ne peut fe parler autrement.

ZEMIRE.

Et les foupirs ?

ASSAN.

Sont le partage
D'un tendre & malheureux Amant.
Mais, au fujet d'Azor, fans chercher davantage
A vérifier un foupçon
Qui bleffe votre gloire autant que ma tendreffe ;
A l'objet de votre foibleffe,
Zémire, gardez-vous, en aucune façon,
D'en laiffer échapper les moindres témoignages.

ZEMIRE.

Pourquoi ?

ASSAN.

D'un infenfible ils feroient mal reçus.
Vous ne devez jamais prévenir nos hommages.
Ce feroit mandier l'opprobre d'un refus.
Qu'un myftére fi déplorable
Ne fe découvre point. Forcez-le de refter
Dans l'ombre & le fecret d'un cœur impénétrable,
Et ne vous l'avoüez que pour le déteſter.
A part.
Que n'ai-je mieux fuivi les confeils que je donne ?

ZEMIRE.

Je n'efpéré jamais aucune guérifon :
Mais vous perfuadez ma gloire & ma raifon.
A vos fages avis mon amour s'abandonne :
Je jure, entre vos mains, qu'ils auront leur effet.
Hélas ! quoi qu'il en coûte à ma tendreffe extrême,
Azor ne fçaura point que c'eſt lui feul que j'aime :
Oui, c'eſt Azor que j'aime.

ASSAN.

Le Théatre change, & repréfente un Bofquet orné d'orangers, avec un berceau de fleurs, au milieu duquel eſt la ſtatue de Zémire.

Arrêtez. C'en eſt fait,
Les mots font prononcés. C'eſt moi qui fuis punie.

Tu vois devant tes yeux cette Fée ennemie
Qui pourſuivoit un cœur qui n'eſt fait que pour toi,
Azor n'eût pas été mōins heureux avec moi.
Jouis de ton bonheur ; ma vengeance eſt finie.

SCENE IV.

AZOR *en Génie, & habillé galamment.*
ZEMIRE.

ZEMIRE.

Azor, quoi, c'étoit vous ? ...

AZOR.

Oui, je ſuis ce Génie,
Heureux dans ſon exil, heureux dans ſon amour,
Puiſque vous le payez du plus tendre retour.
Il falloit cet aveu que vous venez de faire.

ZEMIRE.

Que n'ai-je ſçû plûtôt qu'il étoit néceſſaire ?

AZOR.

S'il me rend plus digne de vous,
Zémire, ce ſera ſon effet le plus doux.

SCENE V.

AZOR, ZEMIRE, NADINE, ZALEG.
Troupe d'Habitans & d'Habitantes des campagnes voisines.

NADINE.

Peut-on sçavoir où vous en êtes ?
Vos explications sont-elles bientôt faites ?

ZEMIRE.

Azor m'aimoit ; il m'aime ; il me l'a dit.

NADINE.

Ne vous avois-je pas prédit
Qu'Azor brûloit pour vous d'une flamme secrette ?
Votre félicité rend la nôtre complette.
    Hé bien, partons-nous pour les cieux ?

ZEMIRE.

Ah ! demeurons plûtôt en ces aimables lieux,
    Où notre amour a pris naissance.
Qu'ils vont, de plus en plus, être chers à mes yeux

AZOR.

Etablissons ici notre heureuse puissance,
Habitans, jouissez d'un sort délicieux.

NADINE.

Allons, regnons où l'on nous aime.
    Qu'en dit Zaleg ?

ZALEG.

        Je pense assez de même.
Où peut-on être mieux que dans l'heureux séjour
    Où l'on trouve Amour pour Amour.

FIN.

✳✳✳✳✳✳✳✳✳✳✳✳✳✳✳✳

DIVERTISSEMENT.

Entrée d'Habitans & d'Habitantes des Ha-
meaux voisins, ornés de fleurs & de guir-
landes.

LA PRINCIPALE HABITANTE.

VEnez tous, venez tous
Taire éclater vos transports les plus doux.
On danse autour d'elle.

AIR adressé à Zémire.

Pour éterniser notre hommage,
Nous vous consacrons ce boccage.
Regnez ; & qu'il serve à jamais
De Temple à vos attraits.
On danse.

AIR chanté par Zémire.

La félicité même
Couronne mes desirs :
Regner sur ce qu'on aime,
C'est regner sur tous les plaisirs.
On danse.

VAUDEVILLE.

ZEMIRE.

Le cœur dans cet heureux séjour,
Prend autant d'amour qu'il en donne,
La plus belle couronne
Ne vaut pas amour pour amour.

Aimer & trouver du retour,
Eſt ſur quoi mon bonheur ſe fonde ;
De tous les biens du monde,
Je ne veux qu'amour pour amour.

❋

ZALEG.

J'ai fait l'épreuve, tour à tour,
D'aimer à la Cour, à la Ville ;
Il eſt trop difficile
D'y trouver amour pour amour.

❋

Le tems d'aimer fuit ſans retour,
Sçachez en faire un bon uſage :
Au-delà du bel âge,
Il n'eſt plus d'amour pour amour.

❋

Les biens & les rangs, tour à tour,
Engagent la main d'une belle :
Mais le cœur en appelle,
Il ne veut qu'amour pour amour.

❋

On dit que les Amans de Cour
Sans aimer veulent qu'on les aime ;
Quel étrange ſyſtême
De vouloir amour ſans amour ;

❋

A tous les échos d'alentour,
Adonis même eût fait redire ;
Ah, que n'eſt-ce Zémire
Qui me rend amour pour amour.

❋

Coquette & légere, à mon tour,
Je sçais me venger d'un volage :
Mais je change d'usage
Quand je trouve amour pour amour.

Le vieux Philemon, l'autre jour,
Me disoit qu'il voudroit me plaire ;
Hé ! qu'en pourroit-il faire ,
S'il trouvoit amour pour amour ?

Mon Amant trouve , chaque jour,
Mille Beautés qu'on me préféré,
Mais je lui suis plus chére ,
Il ne veut qu'amour pour amour.

Le Divertissement finit par une contre-danse.

FIN.

APPROBATION.

J'AI lû par ordre de Monseigneur le Chancelier une Comédie qui a pour titre , *Amour pour Amour,* *avec un Divertissement* , & je crois que le Public en verra l'impression avec plaisir. Ce 20 Mars 1742.
CRE'BILLON.

Le Privilége se trouve dans les Œuvres de Poésies & *de Théatre du Sieur* DE LA CHAUSSÉE.

www.ingramcontent.com/pod-product-compliance
Lightning Source LLC
LaVergne TN
LVHW050621090426
835512LV00008B/1591